Inhalt

Telemedizin - Pionierarbeit in der deutschen Gesundheitsbranche

Kernthesen

Beitrag

Fallbeispiele

Zahlen und Fakten

Weiterführende Literatur

Impressum

GENIOS BranchenWissen Nr. 09/2007 vom 12.09.2007

Telemedizin - Pionierarbeit in der deutschen Gesundheitsbranche

Autor GENIOS BranchenWissen: A.Schneider

Kernthesen

- Telemedizin zählt zu den aktuellen Topthemen der Gesundheitsbranche. Bis zum Jahr 2010 werden Wachstumsraten von durchschnittlich 42 Prozent pro Jahr erwartet.
- Hauptanwendungsgebiet ist heute die Telekardiologie. Zukunftsmärkte sind die Fernüberwachung bei Diabetikern, Schlaganfallpatienten, psychisch Kranken, übergewichtigen Menschen, Asthmatikern und vor allem die Teleradiologie.

- Der führende Anbieter telemedizinischer Dienstleistungen in Deutschland ist die Personal HealthCare Telemedicine Services GmbH (PHTS) in Düsseldorf.

Beitrag

Gesundheitscheck aus der Ferne, mobile EKG-Geräte in Handy-Größe, Beobachtung von Wundheilungsprozessen per Kamera immer mehr Patienten profitieren von den modernen, IT-gestützten Entwicklungen der Telemedizin.

Telemedizin als aktuelles Topthema der Gesundheitsbranche

Übelkeit, Herzrasen oder Gewichtszunahme können für Herzkranke äußerst beunruhigend sein. Ignorieren sie sie, kann es den Tod bedeuten. Andererseits kann nach einem Arztbesuch oft wieder Entwarnung gegeben werden. Herzmuskelschwäche und Herzrhythmusstörungen sind ohne Zweifel lebensbedrohlich. Die Überlebenschancen des Patienten erhöhen sich deutlich, wenn die ersten

Anzeichen im Körper (z.B. Wassereinlagerungen) rasch erkannt und richtig gedeutet werden.
Die moderne Telemedizin leistet hier einen wertvollen Beitrag. So kann der Patient beispielsweise mithilfe eines mobilen EKG-Geräts, das kaum größer ist als ein Handy, seine Werte direkt an seinen Arzt melden, ohne dass er in dessen Praxis kommen muss. Oder Sensoren am Körper messen kontinuierlich wichtige Parameter wie Blutdruck, Puls oder das EKG. Die Daten werden per Funk automatisch an ein Telemedizinisches Zentrum übertragen und dort von Ärzten bewertet.

Telemedizin zählt zu den aktuellen Topthemen der Gesundheitsbranche. Doch noch steht sie in Deutschland ganz am Anfang, und es muss noch einiges an Pionierarbeit geleistet werden. Zusammen mit elektronischen Patientenakten gilt sie als Wachstumsmarkt angesichts einer zunehmend alternden Gesellschaft und explodierenden Kosten der Gesundheitssysteme. Bis 2015 soll sie einer der wichtigsten IT-Märkte der Gesundheitswirtschaft sein. Zu diesem Ergebnis kommt die Studie E-Health in Deutschland, die demnächst vom Beratungsunternehmen Gemini Executive Search herausgegeben wird. Sie basiert auf den Prognosen von etwa 900 Befragten aus Kliniken, Kassen und IT-Unternehmen. Auch der Halbleiterhersteller Intel wirbt intensiv für den stärkeren Einsatz von

Informationstechnologie bei der Versorgung von kranken und alten Menschen. Mit entsprechenden Systemen kann ihr Gesundheitszustand zu Hause überwacht werden. Wichtige medizinische Daten und Werte können auf elektronischem Wege ausgetauscht werden. Telemedizin ermöglicht eine Fernkontrolle, -diagnose und behandlung. [(1)](), [(2)](), [(3)]()

Mehr Sicherheit, besserer Patientenservice und niedrigere Behandlungskosten

Die Vorteile der Telemedizin liegen auf der Hand. Für den Patienten bringt sie mehr Sicherheit, weil sie sich kontinuierlich gut betreut fühlen können. Er muss nicht für jede Nachsorgeuntersuchung nach einer Operation zu seinem Arzt fahren bzw. gefahren werden. Den Nachteil der größeren Anonymität dürften die meisten dafür gerne in Kauf nehmen. Die Ärzte und Kliniken können besseren Patientenservice gewährleisten. Ortsansässige Mediziner und Kliniken können besser miteinander kommunizieren und ihren Patienten ein höheres Behandlungsniveau anbieten. Für die Krankenkassen brächte die Telemedizin sinkende Behandlungskosten mit sich. Dennoch ist die Akzeptanz bei den

Krankenkassen noch zögerlich.
Alle Beteiligten können Geld sparen. Die Patienten müssen weniger zum Arzt, das spart Kosten. Die Notfalleinsätze gehen zurück, es gibt weniger Klinikeinweisungen und kürzere Krankenhausaufenthalte. Laut einer Studie der Techniker Krankenkasse suchen die Patienten um ein Drittel seltener den Facharzt auf, und Klinikeinweisungen sinken um 13 Prozent. (4) Experten haben für den Verband der Elektrotechnik (VDE) berechnet, dass bei der Therapie einer chronischen Herzmuskelschwäche mit telemedizinischer Begleitung Gesamtkosten von 3 065 Euro entstehen, wobei die Erfolgsquote 75 Prozent betrage. Für die Behandlung ohne Telemedizin beliefen sich die Kosten hingegen auf 6 397 Euro bei einer Erfolgsquote von nur 59 Prozent. (5)

Telekardiologie als heutiges Hauptanwendungsgebiet

Eine Studie des Beratungsunternehmens Frost & Sullivan prognostiziert in Europa bis zum Jahr 2010 einen Umsatzanstieg auf 1,5 Milliarden Euro (2003: 72,2 Millionen Euro) und damit Zuwachsraten von durchschnittlich 42 Prozent pro Jahr. 71 Prozent des Umsatzes entfallen auf die Überwachung des Herzens

(Telekardiologie), einer der größten Kostentreiber im Gesundheitswesen. (6)
1,8 Millionen Bundesbürger haben eine chronische Herzschwäche, zwei Millionen Deutsche werden jährlich mit einem Herzinfarkt in ein Krankenhaus eingeliefert. Der Verband der Elektrotechnik (VDE) geht davon aus, dass in Deutschland 450 000 Herzkranke telemedizinisch betreut werden könnten und sich die Behandlungskosten um ein Drittel senken ließen. (7)
In der Tat ist die Herzschwäche die bislang am besten erforschte Telemedizinanwendung.
Doch zum Einsatz kommen könnte die Fernüberwachung auch bei den rund 300 000 Diabetikern, bei Schlaganfallpatienten, bei psychisch Kranken, bei übergewichtigen Menschen, bei Asthmatikern und vor allem in der Teleradiologie. Dabei wird die Röntgen- oder CT-Untersuchung eines Patienten aus der Ferne durchgeführt. Derzeit gibt es jedoch nur vereinzelte kleinere teleradiologische Projekte in kleinen Kliniken. (2)

Über 15 000 Patienten werden im Telemedizinischen Zentrum der PHTS betreut

In der Telemedizin zum Einsatz kommende Systeme werden von Medizintechnikherstellern wie Philips, Biotronik oder Life-Scan sowie von Forschungs-Instituten entwickelt. So liefert etwa die Firma Life-Scan in Neckargemünd ein Blutzuckermesssystem für die Telemedizin, das Eschborner Unternehmen St. Jude Medical überwacht die Funktion von Herzschrittmachern, das Institut für Diabetes »Gerhardt Katsch« Karlsburg hat ein telemedizinisches Betreuungsprogramm für Diabetiker entwickelt. Auf der Cebit zeigt das Fraunhofer IAO das Telemonitoringsystem Sensave, das die Diagnose und Therapie von Herz-Kreislauf-Erkrankungen verbessert. Betroffene streifen dazu ein Sensorshirt über, in das ein EKG-Sensormodul integriert ist. (7)

Der führende Anbieter telemedizinischer Dienstleistungen in Deutschland ist die Personal HealthCare Telemedicine Services GmbH (PHTS) in Düsseldorf. Sie ist ein Tochterunternehmen von SHL Telemedicine Ltd., einem der Marktführer in Entwicklung und Vertrieb von hoch entwickelten Telemedizinsystemen und Dienstleistungen.
Die PHTS betreibt in Düsseldorf ein sogenanntes Telemedizinisches Zentrum. Etwa 30 Ärzte nehmen dort an 365 Tagen im Jahr rund um die Uhr Patientenanrufe entgegen. Die Betreuung erfolgt durch kardiologisch geschulte Fachkräfte und Ärzte

und umfasst insbesondere die Symptombewertung sowie das EKG-Monitoring. Mehr als 15 000 Patienten haben sie bereits betreut. Der Schwerpunkt liegt derzeit auf akuten und chronischen Herzpatienten.

Fazit

Telemonitoring, Telemedizin und elektronische Patientenakten stehen in Deutschland noch am Anfang. Es muss noch einiges an Pionierarbeit geleistet werden. Doch die Chancen klingen vielversprechend.

Fallbeispiele

Das Ruhrgebiet wird den demografischen Wandel noch schneller spüren als das restliche Nordrhein-Westfalen. Forscher nehmen dies als Herausforderung an und haben das **Projekt Zukunft des Alterns, kurz ZudA**, ins Leben gerufen. Es soll die Chancen einer alternden Bevölkerung ausloten. Das Gemeinschaftsprojekt der Universitäten Bochum und Dortmund soll zum interdisziplinären Kompetenzzentrum für den demografischen Wandel werden. Zukunftsorientierte Modelle zu den Themen Wohnen im Altern, Telemedizin und Smart Homes sollen interdisziplinär von Medizinern, Soziologen und Ingenieuren erarbeitet und auf Praxistauglichkeit geprüft werden. (8)

Kölner Hausärzte, Kardiologen und Klinikärzte planen, ab Anfang Oktober im **"Herz Netz Köln"** Patienten in ganz Köln telemedizinisch zu behandeln. Patienten mit Herzmuskelschwäche erhalten kostenlos Messgeräte, mit denen sie zu Hause regelmäßig selbst Blutdruck, Herzfrequenz und Gewicht überprüfen können. Die Daten werden über ein Telefonmodem in das Telemedizinische Zentrum in Düsseldorf übertragen. Ärzte prüfen die Ergebnisse und rufen den Patienten an, wenn es Anzeichen für eine Verschlechterung seines Krankheitszustandes gibt. Mit von der Partie sind das Herzzentrum der Universitätsklinik, die Barmer Ersatzkasse (Finanzierung) die Telemedizindienstleister PHTS und Star Healthcare (Technische Partner). (6)

Auch an der **Bonner Uniklinik** werden Patienten mit Herzrhythmusstörungen über Telemonitoring betreut. Wenn der Patient sich schlecht fühlt, kann er mit wenigen Handgriffen von zu Hause aus über sein Telefon dafür sorgen, dass sein EKG online auf dem

Monitor in der Klinik erscheint. Diese kann dann sofort aktiv werden. Das **Telemedizinische Zentrum in Düsseldorf** bietet seit etwa fünf Jahren ähnlich Dienste für Herzkranke und Diabetiker an. (9)

Das **Evangelische Krankenhaus Düsseldorf** arbeitet mit einem Telemedizinportal zur einrichtungsübergreifenden Patientensteuerung. Seit Januar 2007 können in einem Pilotversuch zugelassene Ärzte online auf das Portal zugreifen - und etwa Entlassungsbriefe, Medikationshinweise, Diagnosen oder Befunde abfragen. Einweisende Ärzte können Termine sofort online buchen. Gleichzeitig kann das Krankenhaus Informationen über Vorteile und Angebote des Hauses übermitteln. (1)

Sechs Fraunhofer-Institute haben auf der Fachmesse Cebit den "**Mobilen Gesundheitsassistenten**" vorgestellt. Er besteht aus mehreren Funksensoren, die alle relevanten Körperfunktionen messen, und einem persönlichen Organizer (PDA) mit Auswertungs- und Internet-Software. In einer Zentrale kann dann geschultes Personal den Ernst der Lage einschätzen, die Patienten telefonisch beraten und notfalls einen Arzt verständigen. (10)

Die **Taunus BKK** zahlt im Rahmen der sogenannten Integrierten Versorgung Hausärzten für jeden Patienten, der sich telemedizinisch betreuen lässt, 35

Euro je Quartal, Kardiologen bekommen 45 Euro pro Patient und Halbjahr. (4)

Beim Projekt HeiTel des **Universitätsklinikums Heidelberg** werden Patienten nach einem Krankenhausaufenthalt in den ersten sechs Monaten auch von einem Telemedizinischen Zentrum betreut. Dies reduziert die Behandlungskosten pro Patient um zirka 3 000 Euro pro Jahr. (4)

Zahlen & Fakten

- Eine Studie des Beratungsunternehmens Frost & Sullivan prognostiziert in Europa bis zum Jahr 2010 einen Umsatzanstieg auf 1,5 Milliarden Euro (2003: 72,2 Millionen Euro) und damit Zuwachsraten von durchschnittlich 42 Prozent pro Jahr. 71 Prozent des Umsatzes entfallen auf die Überwachung des Herzens (Telekardiologie), einer der größten Kostentreiber im Gesundheitswesen.

- 1,8 Millionen Bundesbürger haben eine chronische Herzschwäche, zwei Millionen Deutsche werden jährlich mit einem Herzinfarkt in ein Krankenhaus eingeliefert.

- Der Verband der Elektrotechnik (VDE) geht davon aus, dass in Deutschland 450 000 Herzkranke telemedizinisch betreut werden könnten und sich die Behandlungskosten um ein Drittel senken ließen.

- Laut einer Studie der Techniker Krankenkasse suchen die Patienten um ein Drittel seltener den Facharzt auf, und Klinikeinweisungen sinken um 13 Prozent.

- Experten haben für den Verband der Elektrotechnik (VDE) berechnet, dass bei der Therapie einer chronischen Herzmuskelschwäche mit telemedizinischer Begleitung Gesamtkosten von 3065 Euro entstehen, wobei die Erfolgsquote 75 Prozent betrage. Für die Behandlung ohne Telemedizin beliefen sich die Kosten hingegen auf 6397 Euro bei einer Erfolgsquote von nur 59 Prozent.

Weiterführende Literatur

(1) Topthemen der Gesundheitsbranche
aus FTD vom 14.03.2007

(2) Krankenhäuser erwarten Aufbruch in die Telemedizin Studie prophezeit stärkere Bedeutung der Fernbehandlung
aus Financial Times Deutschland vom 14.06.2007, Seite 33

(3) Intel-Chef kritisiert Gesundheitswesen Paul Otellini bemängelt fehlenden Einsatz von Technologie in der Pflege · Wachstumschancen bei ultramobilen PCs
aus Financial Times Deutschland vom 06.08.2007, Seite 5

(4) Zukunftsmarkt Telemedizin Ärzte, Kliniken und Unternehmen können Patienten jetzt mehr Service bieten und damit gut verdienen.
aus Impulse vom 01.03.2007, Seite 56

(5) O.V., Mit Telemedizin sollen Milliarden eingespart werden, www.vde.com
aus Impulse vom 01.03.2007, Seite 56

(6) Sprechstunde am Telefon
aus Handelsblatt Nr. 155 vom 14.08.07 Seite 18

(7) Telemedizinische Betreuung Sensoren im Unterhemd kontrollieren Gesundheit
aus HANDELSBLATT online 20.03.2007 16:45:00

(8) Müller, Jan, Schöner altern im Ruhrgebiet, Spiegel Online, 21.08.2007
aus HANDELSBLATT online 20.03.2007 16:45:00

(9) Direkter Draht zum kranken Herz Modernes Telemonitoring ermöglicht Schwerkranken ein normales Leben - Versorgungskosten lassen sich halbieren
aus DIE WELT, 26.07.2007, Nr. 172, S. 27

(10) Telemedizin für Herzpatienten
aus DIE WELT, 01.03.2007, Nr. 51, S. 31

Impressum

Telemedizin - Pionierarbeit in der deutschen Gesundheitsbranche

Bibliografische Information der deutschen Nationalbibliothek

Die Deutsche Nationalbibliothek verzeichnet diese Publikation in der deutschen Nationalbibliografie; detaillierte bibliografische Daten sind im Internet über http://dnb.d-nb.de abrufbar.

ISBN: 978-3-7379-2739-0

© 2015 GBI-Genios Deutsche Wirtschaftsdatenbank GmbH, Freischützstraße 96, 81927 München, www.genios.de

Alle Rechte vorbehalten. Dieses Werk ist einschließlich aller seiner Teile – z.B. Texte, Tabellen und Grafiken - urheberrechtlich geschützt. Jede Verwertung außerhalb der Grenzen des Urheberrechtsgesetzes bedarf der vorherigen Zustimmung des Verlags. Dies gilt insbesondere auch für auszugsweise Nachdrucke, fotomechanische Vervielfältigungen (Fotokopie/Mikroskopie), Übersetzungen, Auswertungen durch Datenbanken oder ähnliche Einrichtungen und die Einspeicherung und Verarbeitung in elektronischen Systemen.